DISCOURS FUNEBRE

DE FEU

MESSIRE YRIEIX

DE CHOULY

CHEVALIER, SEIGNEUR DE Permangle, Monchaty, Brie, Champagnac, Puymoreau, &c. Maréchal de Logis de la Compagnie de deux cens Chevaux Legers de la Garde ordinaire de Sa Majesté, Gouverneur de la Ville & Cité de Limoges.

PRONONCE' DANS L'EGLISE de Saint Pierre de Limoges en présence de Monseigneur l'Evêque, Monsieur l'Intendant de la Province, & Messieurs du Présidial, & Consuls le 11. du mois de Février 1679.

Par le Pere SERAPHIN AVRIL Religieux Augustin.

A LIMOGES,

Chez MARTIAL BARGEAS, Imprimeur & Marchand Libraire, au-dessous du College.

A MADAME
MADAME
DE PERMANGLE.

MADAME,

Peut-être sera-t-on surpris de ce qu'étant obligé de metire au jour pour l'édification du Public le Discours funebre de l'Illustre Monsieur de PERMANGLE, *que j'ay eu l'honneur de prononcer par l'ordre de Messieurs les Consuls de cette Ville, j'implore vôtre secours, & je vous presente un Ouvrage, dont la lecture paroît plus capable de renouveller la sanglante playe que vous a causé la funeste mort de vôtre cher Epoux, que de fournir un lenitif, & un remede souverain, à un mal aussi extréme que le vôtre: J'ose neantmoins dire que la forte conviction que j'ay de vôtre Generosité à soûtenir de grandes attaques à l'exem-*

ple des *Illuſtres Vigiers, anciens Vicomtes* de *St. Mathieu*, ces grands *Heros* de vôtre *Auguſte Famille*, qui vous ont laiſſé leur fermeté pour heritage; & de vôtre Religion à vous ſoûmettre dans tous les plus facheux évenemens aux Ordres de la Providence Divine, me fait eſperer que vous y trouverez plûtôt un juſte ſujet de conſolation pour vous, que la matiere neceſſaire d'un déplaiſir legitime, parce-que vos lumieres ſont trop pures pour pouvoir ignorer que le Ciel a retiré le Dépôt qu'il vous avoit confié; & que la Sainteté des diſpoſitions de ſon Agonie, dont je ſuis le fidel confident, vous donnent de grandes aſſurances de ſon Bon-heur éternel. Agréez donc, MADAME, que je me ſerve de vôtre Protection pour laiſſer à la Poſterité un modele accompli de toutes les vertus qui doivent faire le principal Caractere de la Nobleſſe, pour ſoûtenir avec éclat les intereſts de leur Prince dans les differens Employs qu'il confie à la ſageſſe de leur Conduitte; & que je me ſerve de cette occaſion funebre pour terminer les loüanges de nôtre Brave Gouverneur, que j'avois com-

mencées dans une These à l'Entrée de son Gouvernement ; & pour vous témoigner le ressentiment que j'ay de toutes vos Bontez, & vous donner des marques de la juste reconnoissance d'une Personne qui est avec respect,

MADAME,

Vôtre tres-humble, & tres-obeïssant Serviteur,

F. SERAPHIN AVRIL.
Religieux Augustin.

DISCOURS FUNEBRE DE FEU MESSIRE YRIEIX DE CHOULY SEIGNEUR DE PERMANGLE, &c.

Fac luctum secundum meritum ejus.
Ecclesiastici trigesimo octavo.

MONSEIGNEUR s'il est vray qu'il n'est rien dans le monde de plus rare qu'un merite achevé & universellement reconnu; il n'est aussi rien de si difficile à trouver qu'un Orateur sincere, ni qu'un discours Funébre exactement veritable : la flatterie qui monte dans les Chaires de la verité pour en chaſſer cette vertu, en mettant le menſonge à ſa place : l'intereſt de la Famille des Défunts que l'on veut ménager ou rélever : les memoires ou faux, ou déguiſez que l'on fournit, & cent autres raiſons qu'il eſt aiſé de comprendre, font que ſouvent on loüe par une lâche complaiſance, ou par un ſordide intereſt, ce que l'on devroit blâmer par juſtice, ou taire au moins par un ſage effet de prudence, de peur qu'il n'arrive en ces occaſions ce que mon incomparable Auguſtin diſoit dans une autre, qu'on loüe ſouvent les morts où ils ne ſont plus, pendant qu'on les tourmente dans les lieux où ils ſont: *Cruciantur ubi ſunt, laudantur ubi non ſunt.*

Il me ſemble, Meſſieurs, (& je le puis dire hardiment) que je ne dois pas craindre aujourd'huy de tomber dans ce deſordre, lors-que j'entreprens de faire l'Oraiſon Funébre de Feu Meſſire YRIEIX DE CHOULY Chevalier, Seigneur de Permangle,

Monchaty, Brie, Champagnac, Puymoreau, Maréchal de Logis de la Compagnie de deux cens Chevaux Legers de la Garde ordinaire de Sa Majesté, Gouverneur de la Ville & Cité de Limoges, mort dépuis quelques jours dans sa Maison Noble de Brie, puisque je ne veux employer à la composition de son Eloge que la verité toute seule & toute pure, par le recit exact & sincere des actions de sa vie, que l'on peut appeller sans exaggeration & sans flatterie un tissu continuel de vertus, sans mélange de vices, de ceux au moins qui ont rapport à son état, à son devoir, ou à son prochain : car par rapport à Dieu, helas, Messieurs, les justes même sont sujets au peché, & il n'y a pas d'homme sur la terre, qui puisse sans mensonge & sans crime, se vanter d'en étre exempt. *Qui dicit se peccatum non habere mendax est.*

Et c'est Messieurs, cette verité qui m'inspire assez de confiance pour vous appeller à garans, & pour vous prier d'étre vons mémes les témoins d'une chose, dont naturellement vous devés étre les juges, puisque vous connoissez presque tous la personne & le merite de celuy dont j'entreprens aujourd'huy l'Eloge: que dis-je, Messieurs, vous ne le connoissez pas seulement en particulier, mais vous le reconnoissez même en public, par la céremonie extraordinaire dont vous honnorez ses funerailles: Ouy, Monseigneur, la présence de vôtre Grandeur: ouy Magistrats illustres, vôtre zele & vôtre assistance: ouy peuple affligé & affectionné, vôtre empressement: & enfin tout ce feneste appareil, sont autant de voix muettes, & autant de témoins inanimés, mais veritables & sinceres, qui publient hautement le merite de nôtre illustre Défunt, & à méme temps la douleur & le regret que nous avons tous de sa mort: *Fac luctum secundum meritum ejus.*

Pleurons donc, Messieurs, pleurous sur le cercueïl de ce mort pour luy donner des marques de nôtre douleur, mais afin qu'elle ſoit juſte & réglée ſelon le ſentiment de Salomon, meſurons la ſur le merite de ce grand homme dont je vay commencer l'Eloge; & pour le faire avec autant d'ordre que les deux jours que j'ay eu à m'y préparer me le pourront permettre: Conſiderons Monſieur de Permangle en trois états differents: dans l'état militaire, par rapport à ſon Prince: dans l'état politique, par rapport à ſa patrie: & dans l'état Chrétien, par rapport à ſon Dieu. Dans l'état militaire il faut un Officier zelé pour la gloire de ſon Prince: dans l'état politique, il faut un Gouverneur zelé pour le bien de ſa patrie: & dans l'etat du Chriſtianiſme, il faut un Chrétien zelé pour la poſſeſſion de ſon Dieu. Dans le premier état il donna ſon ſang à ſon Prince: dans le deuxiéme il donna ſes ſoins à ſa patrie: & enfin dans le troiſiéme, il donna ſon ame à ſon Dieu. Voila, Meſſieurs le ſujet de ſon Eloge, & celuy de vos attentions.

Si les hommes se fussent maintenus dans cét état d'honneur & de gloire où le privilege de leur création les avoit élevés, la paix auroit toûjours regné sur la terre, & jamais la guerre n'auroit alteré ni troublé leur repos: mais dépuis que l'impatience, l'ambition, & l'avarice en eurent fait sortir quelques-uns de leurs places, pour, en s'élevant, abbaisser les autres, & les chasser de celles qu'ils occupoient par les ordres de Dieu: ils troublerent ce bel ordre, qui faisoit l'essence de la paix, selon Saint Augustin, *Pax est tranquillitas ordinis* ; & firent naître en même temps ce monstre qui établit son empire dans le monde, & se l'asseura si bien qu'il y devint en quelque façon un mal necessaire, ou par l'envie que les uns ont d'attaquer & d'opprimer les autres par leur malice, ou par la necessité de se défendre.

Et c'est l'une de ces deux choses, qui obligent une partie des hommes

à se

faire un métier de la guerre, comme nous le voyōs dans tous les états policés, & parmy toute sorte de peuples. Les hommes y sont separés en trois ordres, les uns y sont dévoüés au culte des Autels, pour s'occuper uniquement au service de Dieu: les autres y sont dévoüés au service du Prince, & à la défense de leur Patrie: & les troisiémes se sont donnés au service du peuple par la culture de la terre & l'exercice des Arts.

C'est ce que nous avons toûjours veu dans ce Royaume depuis douze cens ans, où, sans m'arrêter aux deux autres Etats, la Noblesse, & nos Monarques mêmes qui en sont, & s'en disent les Chefs, se sont toûjours fait un métier de la guerre, naissent soldats, & trouvent dans leur Sang & dans leur Naissance une obligation indispensable de s'abandonner à ce Noble, mais penible & dangereux exercice.

Monsieur de Permangle, Messieurs étant né dans cét Etat, trouva dans la Nobleſſe de ſon Sang, & dans la Conduite de ſes Ancêtres, une eſpece de neceſſité, de ſuivre à leur exemple l'exercice des armes, & d'autant plus que de ſon temps, la guerre ſe trouvant allumée dans le cœur & dans toutes les parties de ce Royaume, il ſe vid obligé de ſuivre ſon Prince, de combattre ſes ennemis, & de ſatisfaire en même temps, & à ſon inclination & à ſon devoir.

Ne croyez donc pas que l'ambition ou l'avarice, que la miſere, ou le deſir de trouver l'impunité de quelque crime luy ait mis les armes à la main : un motif plus élevé & plus juſte les luy fit prendre, le deſir de défendre ſa Patrie, l'honneur de ſervir ſon Prince, & l'envie de s'acquerir de la Gloire furent les motifs qui l'engagerent à ſuivre les Armées ; & voila pourquoy il y réuſſit ſi bien qu'il y devint un grand Homme de guerre, ſurpaſſa bien-tôt ſes égaux, qu'il s'y égala à ceux qui étoient au-deſſus de luy : qu'il y acquît l'eſtime des plus Grands, & enfin ce qui l'y rendit considerable à LOUIS XIII. & digne des loüanges & des recompenses du plus Eclairé, du plus Juste, & du plus Grand de tous les Roys.

Pour bien connoître un homme de guerre, il faut le considerer en trois Etats : le premier de General qui commande, le second du Soldat qui obeït, le troisiéme de l'Officier qui obeït & qui commande. Le Général n'a besoin que de teste, & pourveu qu'il ait de la science, de la conduite & de l'experience, il peut sans tirer l'épée arriver à la perfection de son Etat : le Soldat au contraire n'a besoin que de mains, pourveu qu'il soit brave, qu'il attaque avec vigueur, & qu'il se défende avec fermeté, il a rempli ses obligations, mais l'Officier qui est entre les deux ? ha, Messieurs, il a besoin de teste & de bras : il luy faut de la teste pour bien prendre l'ordre de son Général, & pour le bien donner au Soldat; de plus il luy faut de la main pour donner exemple, pour le mener au combat : de sorte qu'il faut étre sage & brave, & réünir en sa personne, la conduite du Général, & le courage du Soldat; & pour le dire eu un mot trois choses font un bon Officier, la sagesse, & la hardiesse dans les entreprises qu'il fait; la vigilance & la fidelité dans les commissions qu'il reçoit & qu'il donne; & enfin la perseverance dans l'exécution de ce qu'il entreprend; & c'est l'union de ces trois qualités qui ont fait de nôtre Illustre Défunt un des Officiers le plus considerable, & le plus estimé des Armées de deux des plus Grands de nos Roys.

Vous croyez peut-étre, Messieurs, que la vertu & le courage heroïque de ce grand Homme ait eu besoin du secours des années, & que sa hardiesse n'ait paru qu'aprés s'étre en quelque façon éprouvée, & comme apprivoisée avec les perils, dans l'apprentissage de quelque campagne; non, Messieurs, son courage n'eût pas besoin de ces secours, & comme je vous ay dit qu'il étoit né Soldat, je vous puis dire qu'il en fit les fonctions peu de temps aprés sa Naissance, puis qu'il prît l'épée & le mousquet dans un âge où les autres à peine peuvent en soûtenir le poids, & en souffrir le bruit.

Il n'avoit que 13. à 14. ans, quand la naissance d'un monstre effroyable, au-lieu d'abbatre son courage, alluma son zele, & luy mit les armes à la main: Ce monstre terrible étoit l'heresie armée de la fureur, soûtenüe de la puissance, & animée de toute la malice de l'Enfer: ce monstre s'en prenoit à Dieu, aux Saints & aux hommes: son erreur attaquoit l'unité, la verité & la Sainteté de Dieu & de son Eglise, & buttoit à la destruction de son culte: sa fureur s'en prenoit à la personne de nos Roys, à leur authorité, à leurs droits les plus sacrez: & son avarice effrenée s'en prenoit aux biens de tous les peuples. Leurs paroles étoient autant de blasphemes contre leur Dieu, leurs actions autant d'outrages contre leur Prince, & toutes leurs pensées & desseins contre le repos de leur patrie. Ha pauvre France! qu'étois-tu dans ce temps mal-heureux? combien d'abominations, de prophanations & de sacrileges dans le Temple de Dieu, combien d'entreprises, de meurtres & de ruines dans les Villes, combien de rapines, de violemens, & d'incendies dans le plat-pays: mais c'est trop parler de ces desordres dignes d'un eternel silence, & de l'oubly de tous les François. Que faira nôtre jeune Soldat, ha! Messieurs, il s'arme à la hâte, il assemble ses compagnons, il en fait une troupe choisie qu'il offre au Gouverneur de la Province sous lequel il fait la guerre à ce monstre, il le cherche, il le bat, & fait si bien avec sa brave troupe qu'il en purge le pays pour un temps, en y établissant tout à la fois le repos du public, l'authorité du Roy, & la Religion du vray Dieu.

Ah! que le détail des actions de ce petit Enfant vous seroit agréable, qu'il luy seroit glorieux, mais le temps & le mal-heur de ce Siecle les ont ensevelies, & ne nous ont laissé que la memoire du general Qu'il se signala extremement dans ces Entrprises ? & qu'il y acquît une gloire infiniment au-dessus de son âge.

Avoüons qu'une action pareille à celle-là pourroit consommer la gloire de quelqu'autre, & le mettre au rang des grands hommes, *Alterius esset gloria & summum decus, iter est Achillis;* mais nous pouvons dire de luy ce qu'un ancien Orateur disoit de son Heros, ce qui acheveroit glorieusement la vie des autres ne fait que le commencement de celle de Monsieur de Permangle, *Iter est Achillis*, & luy sert comme de degré pour s'élever infiniment plus haut.

Beau commencement, Messieurs, ce jeune homme sacrifie sa vie & expose son Sang pour la défense de sa Patrie pour la gloire de son Prince, pour la Religion de son Dieu; & peut-être l'y auroit-il versé jusqu'à la derniere goutte s'il en eût eu assez dans ses veines pour desalterer l'ardeur de son zele : *Grandior amori victima debebatur*, il falloit attendre que ses vaisseaux fussent plus grands, & qu'ils en côtinssent assez, pour faire la source de sa gloire, en le versant à gros boüillons, aux yeux même de son Prince, *grandior amori victima debebatur*.

Ces commencemens me paroissent semblables à ceux du petit David. Dieu avoit destiné ce jeune Enfant à de tres-grandes choses, à la défense de son peuple, à la ruine de ses ennemis, à la gloire même d'une Couronne ; & pour l'élever au comble de la gloire, il luy fournit des occasions de s'y disposer par de petites choses, il chasse des Loups, il tue des Lions, il garde des moutons, & se dispose par ces petits Ebats à de grandes Victoires, & par le métier de Berger à la haute Dignité de Roy.

Ainsi nôtre jeune Soldat s'ébatoit dans la Province, & remportoit de petites victoires comme dans sa propre

Maison

Maiſon contre une poignée de vagabons pour ſe diſpoſer à combattre des ennemis plus redoutables preſque dans tous les endroits de l'Europe. J'entreprendrois peut-être une choſe impoſſible, & je laſſerois aſſurement vos patiences, ſi je voulois ſuivre nôtre Guerrier en tous les lieux où la guerre le fit aller ; ſi je voulois vous parler de tous les Siéges où il s'eſt trouvé, de toutes les Batailles où il s'eſt rencontré, de tous les Combats qu'il a donné ou ſoûtenu à la teſte de la Cavalerie ou de l'Infanterie, des Commiſſions delicates & de conſequence qu'il a reçu, & de la fidelité qu'il a fait paroître en les executant : il vaut mieux que je me reduiſe à vous dire en general qu'il ſuivit toûjours & par tout LOUIS XIII. ſon Maître & ſon Roy.

Villes rebelles, Montauban, Montpellier, S. Jean d'Angely, Privats, & cent autres vous avez éprouvé ſon courage, & vous l'avez veu ſouvent juſques ſur vos remparts, expoſer ſon Sang pour la gloire de ſon Prince.

La-Rochelle ville fameuſe par ſa rebellion & par ſa ruine, fut le Théatre de ſon courage & de ſa gloire, ce fut là qu'il ſe ſignala, & qu'il ſe diſtingua par cent belles actions qui luy acquirent l'eſtime de ſon Roy & l'admiration de toute l'Armée.

Eſt-ce, Meſſieurs, pour ſatisfaire le courage de ce brave Gentil-homme? non, non, *Alterius eſſet gloria*, &c. Le zele qu'il a pour la gloire de ſon Roy le fait ſortir du Royaume, & le méne en cent endroits differens pour ſon Service.

La Flandre, l'Allemaigne, la Lorraine, & la Catalogne ont éprouvé la peſanteur de ſon bras par mille combats differents, & par cent belles Entrepriſes.

Que n'ay-je aſſez de temps pour vous faire en particulier le detail de ce fameux Convoy, qu'il fit entrer dans Guiſe, & qui donna le moyen au grand Maréchal de Guebrian de faire lever le Siege aux Ennemis. Que ne vous dirois-je pas des Sieges, & des Comhats de Cazal, où il merita l'estime du grand Comte de Harcour, & les eloges des trois Generaux, qui humilierent si-bien, chacun à leur tour, la vanité des Espagnols.

Que vous diray-je de la Fameuse Retraitte de Mayence? où nôtre brave Officier seconda si heureusement la bravoure du Fameux Duc de Vveïmar. En un mot, on l'a veu en tous lieux durant la Vie de LOUIS XIII. de Triomphante memoire; & la mort seule de ce grand Prince, l'empécha de continüer à le servir.

Il sembloit que LOUIS XIV. son Fils dans un âge si tendre devoit par la Paix donner du repos à ses Capitaines & à ses Soldats: mais, helas! ce jeune Monarque n'eût pas plûtôt remporté la Fameuse Victoire de Rocroy, qui abbatit tout d'un coup le courage & la force de ses Ennemis, que des Sujets rebelles luy declarerent la guerre, & l'obligerent à défendre tout ensemble, & sa Personne, & sa Couronne. Ne renouvelons pas ces playes qui feignent encore, mais couvrons d'un voile de paix, & d'un silence respectueux ces temps de misere & de calamité; pour dire en un mot que Monsieur de Permangle s'y signala tout ensemble, & par son courage & par sa fidelité. Tout le monde sçait qu'à la Bataille de S. Antoine, se trouvant à la teste de son Corps par la mort de ses braves Chefs, il combattit en lion; & qu'en presence du Grand Turenne, il soûtint avec son petit Corps, le Regiment des Gardes Françoises: & qu'aprés l'avoir aidé à se tirer du peril, il fut avec ce Corps forcer les barricades des Lorrains & des Espagnols qu'il contraignit de se sauver dans Paris, dans un effroyable desordre, aprés quoy il eût l'honneur d'escorter son Roy, & de le conduire à S. Denis.

Vous sçavez tous, Messieurs, ce qu'il fit au secours de Coignac, & au Combat de Saint Andras, où il battit Balthazar, & print de sa main celuy des Chefs, qui commandoit l'Avant-Garde des Ennemis. Enfin je n'aurois jamais fait si je voulois le suivre sur les côtes de Guyenne, de Poitou, de Normandie & de Provence ; & même sur la mer, où il s'est signalé en mille rencontres differentes : il me semble que je pourrois le comparer à cét Ange de l'Apocalipse qui avoit un pied sur la terre & un autre sur la mer pour le service de son Dieu ; car nous avons veu ce grand Capitaine, tantôt sur la terre, tantôt sur la mer, faire des merveilles pour le service de ses Roys, & pour la gloire de la France pendant le cours de 55. années de service conrinüels.

Il est dans un âge avancé, il y a 50. ans qu'il fait la guerre, on diroit que ses forces sont épuisées, & le feu de son courage presque éteint ; mais il n'a pas plûtôt appris que le plus grand des Roys entreprend d'humilier les Hollandois, qu'il vole à son service ; mais tout beau, il faut passer le Rhein, ce fleuve redoutable & renommé que Cæsar méme ne pût passer qu'en dix jours, & qui regarda le pont qu'il fit faire comme le Chef-d'œuvre de toutes ses actions, & le plus Sage des hommes ne dit-il pas, *Contra ictum fluvii ne movearis*: ah ! les Roys se sont estimez glorieux d'imiter Cæsar & de le suivre, mais nôtre incomparable Monarque qui le surpasse en tout, veut encore le surpasser en cecy, il commande à ses Troupes de le passer: le croiroit-on, ce vieux Soldat plus brave que prudent en cette rencontre, sans consulter ses forces, méprisant le peril & la mort, se jette dans la Riviere à la teste de son Corps; & méprisant tout à la fois la rapidité de l'eau, & le nombre de ses ennemis qui l'attendent sur le bort, il va sans hésiter où l'honneur l'appelle, il passe l'épée à la main, & ayant dompté ce fleuve, il attaque les Ennemis, & les met en desordre; tout le monde admire la resolution de ce viëillard; le Roy même le voyant passer & combattre, le propose pour exemple aux autres Officiers, publie hautemēt ses loüanges, & resoût délors de ne le laisser pas sans recompense.

Enfin aprés avoir servi dans ces glorieuses Campagnes qui mirent la Hollande à deux doigts de sa ruine, aprés avoir conduit ce glorieux & redoutable Annibal jusques aux portes d'Amsterdam, il le suit aux fameux Siege de Mastric, & c'est là où aprés cent belles actions, il reçut une blessure étant à la tranchée qui luy fit verser une grande partie de son sang aux yeux de son Grand Monarque : pensez-vous, Messieurs que ce fut assez pour le mettre hors de combat? ah! non, il fallut un ordre exprés de son Roy pour quitter son poste : cét ordre venu, il se fait porter dans sa Tante, & le Roy l'y envoya visiter par un des plus grands Officiers de son Armée, Frere d'un de ses premiers Ministres, & le fit penser par ses propres Chirurgiens, témoignant par ces soins extraordinaires l'estime qu'il faisoit de ce Blessé, & le desir qu'il avoit de conserver le reste d'un Sang qui luy avoit été dévoüé dépuis tant d'années. Ah! que cette blessure fut honorable, qu'elle acquit de gloire à ce brave Officier ; & qu'on peut dire de luy ce que Tertulien disoit en une autre rẽcontre, *Palmâ sanguinem obscurat*, puisque ce sang qui le couvrit de gloire, servirâ de marque éternelle à sa Posterité pour signaler son merite.

En voila assez, ce me semble, pour vous persuader du courage de nôtre Illustre Défunt : douterez-vous de sa fidelité qui ne s'est jamais démentie pendant 55. années, & dans des temps chatoüilleux, où le mal-heur de la France faisoit que presque tout le monde devenoit infidelle, presque sans s'en appercevoir, comme S. Hierôme disoit autres-fois des Arriens ; tout le monde devenoit sans y penser rebelle, & s'engageoit parmy les ennemis de son Roy. Helas ! que le Ciel de la France souffrit d'éclipse dans ce temps mal-heureux, ses plus beaux jours s'étoient changez en une nuit obscure, & sa joye dans la plus juste & la plus horrible de toutes les tristesses.

LOUIS XIII. qui étoit le Soleil

dela

de la France, & qui luy donnoit le jour, par l'éclat de sa lumiere étoit mort, son jeune Fils éclipsé, & comme caché sous le voile de sa jeunesse: la nuit regnoit par tout; & la Reyne Régente qui comme une Lune devoit présider à cette nuit rencontroit une infinité d'obstacles à ses bonnes intentions: helas! les Etoiles, même celles du premier Rang, & les autres, au-lieu de luy ayder, la quittoient & se soulevoient: mais encore une fois ne parlons plus de ces mal-heureux temps, & disons qu'il en fut de Monsieur de Permangle comme de Job: qu'il fut bon au milieu des méchans; & que l'infidelité des autres ne servit qu'à faire éclater sa fidelité.

Vous en avez des marques, Messieurs, dans les Combats qu'il a donné contre les Rebelles en tant de lieux differens: mais jugez en par un seul rencontre qui en vaut tout seul plus de mille.

La Grande Reyne qui gouvernoit l'Etat, ne sçachant plus sur qui se reposer, de la Garde de sa Personne, ni de celle de son Auguste Fils, aprés avoir été tant de fois trompée, jetta enfin les yeux sur Monsieur de Permangle, & le proposa au Cardinal Mazarin pour luy confier la Garde du Roy & d'autres personnes tres-considerables.

Ce Ministre effrayé de tant de desertions, s'y oppose, parce qu'il ne peût se déterminer: cette bonne Reyne luy fait le détail de la Vie du Sieur de Permangle, & de l'honneur qu'il avoit eu de ramener le jeune Roy victorieux à S. Denis aprés la funeste Bataille de Saint Antoine; enfin trouvant toûjours ce Ministre chancelant, elle luy dit, vous connoissez le courage & la bravoure de Permangle? ouy Madame: & moy je vous assure & vous réponds de sa fidelité. Glorieux témoignage d'une grande Reyne, que ce Brave rendit veritable par sa conduite, puisque rien ne fut capable de le détacher de son devoir; & qu'il porta sa fidelité aussi loin que sa perseverance, qui n'auroit fini qu'avec sa vie, si le plus Juste des Roys, pour mettre des bornes à son zele, ne l'eût luy-méme retiré des perils de la guerre qu'il avoit essuyez pendant 55. ans pour le mettre dans le repos qu'il avoit si bien merité, en l'honnorant de la Dignité de Gouverneur dans la Capitale de cette Province, sa patrie, à laquelle dez ce moment il dévoüa tous ses soins, comme nous l'allons voir dans la suitte de ce discours.

Seconde Partie.

Il y a cette difference entre les éle-ctions que Dieu fait, & les choix que font les hommes : que Dieu ne se trompe jamais, parce que sa science, & sa puissance sont également infinies : par la premiere il connoit les sujets qu'il éleve, en penetre l'essence & toutes les proprietez ; & par la seconde il met en eux les choses dont il connoit qu'ils ont besoin, & leur donne d'une même main la dignité & les emplois, le merite & les qualitez necessaires pour les remplir avec honneur, comme nous le voyons en la personne de Saül qu'il changea pour le faire tel qu'il devoit étre. *Mutatus est in virum alium.*

Il n'en est pas ainsi des hommes, car comme leurs lumieres & leurs puissances sont également bornées, ils se trompent souvent; & parce qu'ils ne connoissent pas ceux qu'ils choisissent, & parce qu'ils ne peuvent leur donner les perfections qu'ils n'ont pas : mais entre les autres hommes, il faut avoüer que les Roys sont plus sujets à se tromper, & à étre trompez, que les autres; parce que ne voyans rien, ou peu de choses par eux mêmes, ils sont exposez à leurs Ministres, à leurs Favoris, & à tous leurs Courtisans, qui leur débitant mille mensonges, pour une verité; & donnant des loüanges aux actions les plus dignes de blâme, & blâmant les plus dignes de louange : il arrive tous les jours que ces Roys negligens punissent la vertu, & recompensent le vice; & que l'on n'arrive chez eux aux grandes Dignitez que par la flatterie, par la faveur ou par l'argent, pendant que le plus veritable merite est le plus grand obstacle à l'élevation des gens de bien.

Disons, & disons le sans crainte d'être soubçonnez de flatterie, puisque c'est une verité plus éclatante que le Soleil, qu'il n'en est pas ainsi de nôtre incomparable Monarque, de qui l'on peut dire que la lumiere égale la puissance; Toute l'Europe redoute & fléchit devant celle-cy, mais tout le monde admire l'autre: en effet, Messieurs, la conduite de ce Grand Roy égale son pouvoir, & cela paroît dans toutes ses Entreprises, dont le concert a toûjours déconcerté ses ennemis; mais cela brille avec éclat dans le choix qu'il a fait de ses Ministres, de ses Generaux, de ses Gouverneurs & de ses Officiers, parce qu'il entre dans le détail de tous ses devoirs, & que rien ne luy échappe, vous l'avez veu, & vous le voyez tous les jours dans les autres Etats, c'est une revolution continuelle, & un changement perpetuel de Ministres, on chasse les uns, on punit les autres, on ôte les Gouvernemens; on dépose les Généraux ; & tous ces Officiers patissent tous les jours du chagrin de leurs Maîtres, qui font connoître à tout le monde, en les punissans, qu'ils se sont trompez dans le choix qu'ils en ont fait.

Il n'en est pas ainsi de nôtre sage Monarque ; tout est fixe dans son Royaume, on n'y voit aucun changement de Ministres, aucune déposition de Général, aucune punition d'Officiers, aucune plainte de Gouverneurs; & l'on diroit que cette vive image de la Divinité, peut comme son Original & son souverain Maître, donner le merite & les employs, & rendre dignes de leurs Charges tous ceux qu'il en veut honorer ; de-sorte-que la marque évidente d'un merite veritable, c'est la recompense qu'il en donne, & le choix qu'il fait de quelqu'un pour l'honorer d'une Dignité.

Et c'est, Messieurs, ce qui fait le comble de la gloire de nôtre Illustre Défunt, puis qu'il merita d'être choisi par ce Monarque si juste & si éclairé pour être le Gouverneur de la Capitale de cette Province, & pour en être choisi d'une maniere singuliere & extraordinaire. Ce Brave Gentil-homme sçachant que son Souverain s'en alloit en campagne, s'oublie de sa foiblesse, de son grand âge, des suittes fâcheuses de ses blessures, qui pourroint luy servir d'honeste prétexte, pour demeurer en repos. Le Roy même y donne les mains par la connoissance qu'il a de l'état où l'ont mis ses longs services; & il me semble qu'il luy dit, comme David à Urie, va repose-toy de tes fatigues, jouys de ton bien, & de la société de tes amis. Ah! n'entendez-vous pas ce vray Brave qui répond à son Roy, *Arca Dei est in Papilionibus, & ego dormiam & comedam*, Ah Sire! Vôtre Majesté, la vive Image du Dieu que j'adore couchera dans ses Tentes au milieu du pays de ses ennemis, & je me reposeray? non, le peu de sang qui me reste sera versé pour la gloire du plus admirable de tous les Roys. Que fait ce ſage Monarque, pour n'arrêter le zele de ce vieil Officier, il change ſon Employ, en l'honorant de la Dignité de Gouverneur de Limoges, il l'oblige à y venir faire les fonctions, pour s'en acquitter avec autant d'honneur, qu'il la merite avec juſtice.

Diſons, Meſſieurs, que nôtre Illuſtre Défunt a merité cet Employ à deux tiltres differents, par la Nobleſſe de ſon Sang, & par la grandeur de ſes ſervices, & qu'il en a rempli les obligations par les ſoins qu'il a prins de maintenir le repos du peuple, & la tranquillité publique.

La Nobleſſe, comme toutes les autres choſes de ce monde a toûjours eû ſes Ennemis & ſes Partiſans : ceux-cy en ont trop dit à ſon avantage, comme s'il ſuffiſoit d'étre né Noble, pour vivre dans la prattique de toutes les vertus, & mourir dans le comble de la gloire ; & comme ſi les belles qualités de l'ame, de l'eſprit & du corps paſſoient avec le ſang des Peres dans celuy de leurs Enfans : les autres au-contraire l'ont regardée avec mépris comme une idole ridicule. *Idolum nihil est*, dit S. Paul, qui ne faisoit ni bien ni mal, qui ne meritoit ni mépris, ni loüange, parce qu'un chacun ne devant briller que de ses propres lumieres, la vertu des Peres ne servoit aucunement à l'honneur des Enfans : ce qui faisoit dire à un Docteur que tout le sang étoit de même couleur; *Omnis sanguis concolor*, c'est à dire qu'il ne donnoit de luy même aucun lustre à personne, qu'un chacun le devoit tirer de son propre merite, & de la pratique de la vertu. D'autres voyant l'abus que bien des gens faisoient de la Noblesse dont ils se couvroient, comme d'un manteau pour cacher sous les grandes actions de leurs Ancêtres l'infamie de leur vie, & l'horreur de leurs crimes, l'ont regardée comme un mal, & l'ont décriée par leurs Satyres : mais sans prendre de party : Avoüons ingenuëment que la Noblesse, & le bonheur d'être né d'une illustre Extraction, est dans la vie civile un tres-grand avantage, & comme une disposition à tout ce qu'il y a de plus grand: car un Gentil-homme, outre les exemples des grandes actions de ses Ancêtres, qui sont autant d'éguillons qui l'excitent à les imiter, naît propre à toute sorte d'Employs; & sa naissance est comme un fondement solide qui le rend capable de porter toutes les Charges que la vertu peut meriter.

Il y a beaucoup de pays, & dehors, & dedans l'Europe, où la Noblesse seule est capable des Employs & des Commandemens, pendant que le peuple est destiné à l'obeïssance & à la servitude; & nous voyons qu'en France ce glorieux Corps est tellement distingué, que les Roys s'en disent les Chefs; & comme a remarqué un grand Politique Italien dans ses Histoires (c'est Guichardin *in Car. 8. lib. 1.*) ils jurent bien plus souvent Foy de Gentilhomme, que Foy de Roy; comme s'ils regardoient la Noblesse de leur Sang, comme la source de leur authorité, & de leur qualité de Roy : & c'eſt pour cela qu'ils préferent preſque toûjours les Nobles à tout le reſte de leurs Sujets pour les appeller auprés de leur Perſonne, & pour les élever aux plus hautes Dignitez de leur Etat.

Et c'eſt, Meſſieurs, ſur ce premier fondement que j'appuye le merite de nôtre Illuſtre Gouverneur. Il étoit né d'une illuſtre Famille tres-ancienne & tres-Noble, & honorée des premieres Dignitez. Je croys que vous n'exiges pas de moy une Genealogie dans les formes : il me ſuffira de vous dire que ſon Pere étoit Capitaine de cent hommes dans un celebre Regiment, qu'il fut Gouverneur de Saint-Yrieix, & Gentil-homme ordinaire chez le Roy : que ſa Mere étoit des Gentils de la Jauchat, dont les Freres ſe ſont ſignalez à la teſte des Compagnies des vieüx Corps en qualité de Capitaines, dont eſt ſorti Monſieur de Langalerie aſſez connu par ſon merite, & par ſa qualité de Maréchal de Camp. Son

Ayeul étoit Yrieix premier Fils de Paul premier, qui ayant reçu à Monchaty des Deputez de la Ville de Saint-Yrieix pour le prier de les ſecourir contre des revoltez de la Ligue, qui étoient en volonté de les aſſiéger, il y mena des troupes, s'enferma dans la Ville, & y ſoûtint un long Siege, juſques à ce qu'étant trahy, il fut prins priſonnier, & ſa Maiſon de Béchadie brûlée : il avoit épouſé la Niéce de Claude de Bourbon Gouverneur en Chef du Limouſin, & en ſecondes Nopces Marguerite de Gimel Paluel. dont la Maiſon eſt fonduë dans celle de la Boiſſiére.

Enfin, pour ne nous pas perdre dans l'antiquité de cette Maiſon, conſiderons en paſſant ſes alliances, & diſons que le Sang des Choulys s'eſt mélé avec le Sang des plus anciennes Maiſons de la Province : avec celuy des Boneval, des Lamberties, des Vigiers de S. Mathieu, & des Saulvebeuf, qui toutes ont donné des Gouverneurs aux Provinces, des Lieutenans Généraux

aux Armées, & des Chevaliers aux Ordres du Roy; & comme il arrive que l'eau de plusieurs riviéres se reünit en plusieurs endroits pour former un grand Fleuve, ce beau Sang de tant de Braves s'étant comme reüni en la personne de nôtre Gouverneur, pour luy communiquer toutes leurs grandes qualitez, ils l'ont rendu capable & digne des recompenses du plus Juste & du plus Sage des Roys. Sa Naissance l'en avoit rendu capable, ses grandes Actions, sa Fidelité inviolable, ses Services continuels pendant 55. ans l'en avoient rendu tres-digne, comme vous l'avez veu; & ce sont ces deux choses qui ont obligé nôtre Grand Monarque de l'honorer du Gouvernement de la Ville & Cité de Limoges, mais avec des circonstances extraordinaires.

Car le Roy accompagne son Bienfait d'un Eloge glorieux & singulier; & luy ayant donné des loüanges sur les bords du Rhein, dans les Trenchées de Mastric, quelque-fois même à la teste de son Corps, il veut que ses loüanges soient écrites, afin qu'elles demeurent à la Posterité pour servir à la gloire de son Fidel Sujet. Quelle gloire, Messieurs, d'étre loüé par le plus loüable de tous les Roys, d'étre loüé d'une Bouche sacrée, incapable de flatterie, d'étre loüé par un Roy si éclairé, & qui connoit si parfaitement ce qui est digne de loüange.

Mais ce qui releve ce present, c'est que la liberalité du Roy, & le merite de tant de Braves ayant presque épuisé le fonds des recompenses, il crée exprez une Charge nouvelle en faveur de Monsieur de Permangle, employant le dernier effort de sa Puissance pour satisfaire à sa Justice, & au merite de celuy qu'il veut honorer. *Sic hohonorabitur quem Rex voluerit honorare*; & attribue à cette nouvelle Dignité des émolumens, des preéminances, & un pouvoir extraordinaire.

Et en cela le Roy fait éclater en méme temps, & son pouvoir & sa justice, il est l'Image de Dieu; & pour le dire avec

Tertulien, comme une seconde Divinité, *Regum persona secunda Divinitas*; & pour faire connoître que Dieu luy a donné la participation de sa puissance, *In hoc magis se Dominum ostendens*, il veut créer une nouvelle Charge, & la tirer comme du néant, pour en honorer le merite de son Sujet. Les productions dans la nature quelques miraculeuses qu'elles paroissent, n'étonnent presque personne dit S. Augustin, *Assiduitate viluerunt*, on y est accoûtumé: mais la création surprend tout le genre-humain. L'Etoile qui annonça la Naissance du Fils de Dieu aux Mages, que Tertulien appelle *Stella novæ creationis*, surprit ces Roys, & jetta toute la Judée dans l'admiration, parce qu'on la regardoit comme un coup extraordinaire de la Toute puissance de Dieu en faveur de son Fils: il en est de même dans l'état: que le Roy donne au Fils le Gouvernement de son Pere: c'est le cours ordinaire, qu'on substitue un vivant à un mort, c'est une necessité: mais que le Roy crée une Charge nouvelle pour recompenser le merite de son Sujet : ah ! c'est le comble de la gloire d'un Sujet, & c'est, Messieurs, ce qui a fait celle de nôtre Gouverneur. *Sic honorabitur*, &c.

Ce qui acheve l'Eloge de ce grand Homme, c'est qu'il a employé tous ses soins au bien, au repos, & à la tranquillité du peuple.

Il en est des Gouverneurs dans l'Etat, comme des Pasteurs dans l'Eglise, il y en a de bons, il y en a de mauvais : les bons bien appellez, & qui se gouvernent comme ils doivent, au-lieu de prendre les biens de leurs troupeaux, ils leur donnent le leur, & exposent leurs soins, leur sang & leur vie pour les servir, *Bonus Pastor dat animam pro ovibus suis* : au-lieu que ceux qui sont entrez par de mauvaises voyes, dépoüillent leurs troupeaux pour se révétir, les amégrissent pour s'engraisser, & se nourrissent méme de leur chair & de leur sang, *Pascebant semetipsos, non gregem suum.*

Il en est de même des Gouverneurs

dans

dans l'Etat, les bons qui ont merité ces Dignitez par leur naissance & leurs belles actions, y vivent avec honneur, & se contentans de ce que leur ordonne le Prince, ils laissent les peuples en repos, & au-lieu de prendre leurs biens par des concussions, des rapines & des violences, ils les assistent même du leur, & employent tous leurs soins pour les maintenir dans le repos & dans l'abondance : au-lieu que ceux qui se sont élevez par faveur ou par argent, se payent en détail de ce qu'ils ont acheté en gros, & tachent de s'engraisser de la chair & du sang de leur peuple, de se revétir de leurs dépouilles ; en un mot de se rendre heureux par la misere de ceux qu'ils oppriment sous prétexte de les gouverner.

Vous sçavez que Monsieur de Permangle fut élevé par sa Naissance, par son merite, & par le choix immediat de son Roy ; & qu'ayant refusé les Gouvernemens tres-importans de Dieppe, de Carcassonne & du Louvre, il préfera celuy de Limoges que le Roy créa pour luy : mais fut-ce plûtôt pour ſon bien que pour le nôtre ? pour ſa gloire, que pour nôtre profit qu'il préfera Limoges ? Vous le ſçavez par une heureuſe experience, puis-qu'il employa tous ſes ſoins à nous procurer la tranquillité dont nous joüiſſons : on luy offre des gages à prendre ſur la Ville, qu'il refuſe, préferant le ſoulagement des Habitans à l'établiſſement de ſa Famille. Jugez aprés cela Meſſieurs, ſi on peut le ſoubçonner d'avoir prins ce qui ne luy appartenoit pas : mais pourquoy perdre des paroles, je parle devant mille témoins intereſſez à la verité que je publie. N'a-t-il pas employé tout le temps que nous avons eu l'honneur d'être ſous ſon Gouvernement à procurer l'union des particuliers, le repos des Familles, & la tranquillité de la Ville. Si cela eſt, Meſſieurs, redoublez vos larmes, & meſurez vôtre douleur au merite de ce Mort: *Fac luctum ſecundum meritum ejus*, & avoüez que s'il a merité ce grand Employ, il l'a ſoûtenu de même, & en a rempli toutes les obligations & les devoirs; de sorte que s'il fut un Officier zelé qui donna son sang à la gloire de son Prince, il fut aussi un Gouverneur affectionné au bien de sa patrie. Voyons enfin pour achever, qu'il fut un Chrétien fidelle, qui se donna entierement à son Dieu.

Troisiéme Partie.

J'aurois peu dit à la gloire de nôtre Illustre Défunt, si j'en demeurois aux belles actions qu'il a fait pendant sa vie pour le service de son Prince, pour le repos de sa patrie, & pour sa propre gloire; & si même je m'arrêtois aux Eloges glorieux, & aux recompenses éclatantes qu'il merita, & qu'il reçut de nôtre incomparable Roy: car outre que la vie de l'homme est tres-peu de chose, le monde est tellement incapable de contribüer au vray bon-heur des hommes, les loüanges qu'on leur donne sont si suspectes, la gloire la plus éclatante qu'ils acquiérent est si-tôt passée & évanoüie, & les recompenses les plus grandes que les

Roys les plus puissans peuvent donner à leurs vertus, sont si-tôt anéanties, que tout cela seroit moins que rien, comme disoit le Sage, *Vanitas vanitatum, & omnia vanitas;* si un autre plus grand Maître, & un Souverain plus riche, & plus puissant que tous les Roys de la terre ne luy avoit donné une plus digne & plus durable recompense dans le Ciel, comme nous avons sujet d'esperer de toutes les circonstances de sa mort : j'en puis parler sçavamment, ayant été le dépositaire de ses paroles mourantes. Tout le monde sçait que la bonne vie est la cause de la bonne mort; & que si la mort est la fin de la vie, la fin de la vie est aussi la regle assurée de la mort, & la mort le sceau de la gloire, ou de la dannation éternelle.

Je devrois sur ce double fondement vous parler de la vie Chrétienne, & des Vertus que Monsieur de Permangle prattiqua jusqu'à la mort, de sa foy, de sa charité, de sa justice, de sa temperance, de son humilité; en un mot, de tout ce qui peut faire un Chretien parfait & zelé pour la gloire & pour la possession de son Dieu. Je pourrois même vous dire qu'il les a prattiquées jusques dans le milieu des Camps & des Armées, en démentant le Proverbe qui dit, que la guerre & la pieté ne se rencontrent jamais ensemble ; mais parce que le détail de sa vie Chrétienne & la pluspart de ses actions vertueuses ont été cachées par son humilité & sa modestie ; & que les divers lieux où il a vécu, les differents employs qu'il a eu, & son absence continuelle nous en ont ôté la connoissance particuliere, je me contenteray de vous dire en general qu'il avoit reçu de Dieu un naturel admirable, *Sortitus est animam bonam*, qui est le fondement de toutes les graces que Dieu fait aux prédestinés ; & cela paroît dans les grands sentimens qu'il avoit de Dieu, dans le zele qu'il avoit pour la veritable Religion, & le respect qu'il portoit à ses Ministres. Pauvres qui m'écoutez, vous estes les témoins vivans de sa charité : veuves

& orphelins vous avez éprouvé souvent les effets puissants de sa protection & de sa pitié. Enfin, Messieurs si nous jugeons de sa vie par celle qu'il a mené parmy nous pendant les deux années de son Gouvernement, nous avoüerons ingenuëment, qu'elle a été une disposition perpetuelle à une bonne mort, suivant le conseil d'un Ancien *Totâ vitâ discendum est mori.*

Ors, Messieurs, pour se bien préparer à la mort, il faut la bien connoître, & pour la bien connoître, nous devons la regarder sous trois visages differents: (par rapport à l'homme, & par rapport à Dieu) l'homme peut être consideré en trois états, comme homme, comme pecheur, & comme Chrétien: par rapport à l'homme, la mort est un ordre de la Providence de Dieu, qui veut que ce qui naît finisse: par rapport au pecheur, la mort est un Arrest de la justice de Dieu qui execute ses menaces, *In quacumque hora comederis, morte morieris:* enfin la mort, par rapport aux Chrétiens est une grace de la misericorde de Dieu qui veut par là nous élever à la Gloire. *Venite benedicti.*

Et c'est sous ces trois visages que nôtre Illustre Défunt a regardé la mort : comme un ordre de la Providence, il l'a acceptée avec soûmission : comme un Arrest de la justice, il l'a regardée avec crainte ; & comme une grace de la misericorde, il l'a reçüe avec joye. Son courage fait qu'il la voit venir sans inquiétude, sa conscience, qu'il s'y prépare avec foy ; & sa confiance toute Chrétienne, qu'il la reçoit avec resignation.

Tout le monde naturellement craint la mort, & si les Braves la méprisent quelques-fois, c'est qu'ils ne la voyent que de loin, qu'ils la croient incertaine, & qu'ils esperent toûjours l'éviter : car il n'y en auroit pas un qui ozat affronter le peril, s'il étoit asseuré d'y trouver la mort. *mortem naturalem omnes timent, violontam fortes spernunt.* Mais quoy qu'il en soit, puisque Jesus-Chrît même a témoigné de la crainte aux approches de la mort, il n'y a pas d'homme qui puisse s'en exempter, ni la regarder sans frayeur : mais il y en a dont la raison & le courage ont assez de force, soûtenus de la grace & de l'exemple de Jesus-Christ, pour la recevoir avec soumission, & dire à Dieu comme ce Fils Adorable, *Non sicut ego volo, sed sicut tu, fiat voluntas tua.*

Tel fut Monsieur de Permangle, les douleurs d'une longue maladie luy annoncent la proximité de la mort, il commence à la souffrir l'espace de dix-huit jours qu'elle dure, pendant lesquels il peut dire avec S. Paul, *Quotidiè morior ;* & l'on peut dire que la Providence luy donne le temps de la goûter toute entiere, & de l'envisager de prés.

Autres-fois il l'avoit méprisée en l'affrontant, & la cherchant au milieu des perils, mais il ne la voyoit que de loin ; & luy paroissanr incertaine, on peut dire qu'il ne la connoissoit pas : mais pendant sa maladie, ah ! il la voit de prés, il la voit assurée, il se sent mourir comme par pieces, & c'est en cette rencontre qu'il faut de la force & du courage.

Car la mort en cét état est quelque chose de terrible, *Terribilium terribilissimum* · ah ! que ses coups sont penetrans, puis qu'ils vont jusqu'à separer un homme de ses biens ; de ses parens, de ses amis, en un mot de soy-même. Helas ! nous ne sçavons pas l'excez de la douleur que cause cette cruelle séparation. *Laqueus ille non sentitur, nisi cum rumpitur*, disoit S. Jerôme ; & jamais nous n'en faisons qu'une seule experience : un pauvre Prince se voyant prét à mourir par la funeste Prophetie de Samuel, surpris de sentir la violence de cette separation qu'il n'avoit pas éprouvée, s'écria par un transport de douleur ; *Siccine separas amara mors* ? ah ! cruelle mort est-ce ainsi que tu me separes des choses ausquelles j'étois le plus uni. Et d'autant-plus que nous avons de liens, ah ! nous ressentons d'autant-plus de douleur : ce qui faisoit dire au Sage, *O mors quam amara est memoria tuâ homini pa-*

cem habenti!

Sans-doute, Messieurs, que la mort paroissoit armée de toute sa fureur à nôtre pauvre malade, cependant il la reçoit sans murmurer, & l'accepte avec soûmission, comme un ordre de la providence de son Dieu.

Il demande Madame sa femme, pour luy dire le dernier Adieu: pensés-vous que cela se fasse de sa part avec des larmes, avec des transports de douleur, avec des marques de chagrin? non, Messieurs, c'est avec une fermeté admirable: il la console, il tache d'adoucir sa douleur par l'esperance qu'ils se réjoindront bien-tôt, pour ne jamais se séparer: on luy ameine la Famille de son Frere qu'il régardoit, & aimoit comme la sienne; il la regarde d'un œil sec, d'un cœur ferme, avec une confiance admirable; & luy ayant donné sa Benediction, il l'exhorte à suivre les exemples qu'ils ont reçu de leurs parens, il leur recommande toûjours de vivre en Chrétiens & en Gentils-hommes, & de sacrifier leur Sang à l'honneur de leur Prince, & toute leur vie à la gloire de Dieu. Aprés cela se régardant comme une victime, il se met en état d'achever son Sacrifice ; & pour cela il offre sa vie a celuy qui la luy a donnée, & s'oubliant de ce qu'il quitte, il ne songe plus qu'à ce qu'il espere ; & c'est de la sorte qu'il se soûmet aux ordres de la Providence comme homme: mais parce qu'il sçait qu'il est pecheur ; & qu'il connoit qu'en cette qualité la mort qu'il va souffrir est un Arrest de la justice de Dieu, il l'envisage avec crainte, & employe tous ses soins & tous les momens qui luy restent pour s'y disposer dignement.

Si la mort est un ordre de la Providence sur les hommes, elle est assurément un Arrest de la Justice de Dieu contre les pecheurs qu'il veut punir à cause de l'abus qu'ils ont fait de leur vie, & du peu de soin qu'ils ont eu de luy obeïr : *In quâcumque die comederis, morte morieris* ; & c'est soûs ce rapport que les pecheurs doivent craindre la mort, puiſque Dieu qui s'en ſert toûjours pour les punir dans le temps, s'en ſert auſſi quelques-fois pour les punir dans l'éternité: *Morieris die non tuo*, dit Dieu par la bouche d'un Prophete, je t'envoyeray une mort précipitée & inpréveüe, qui ſera la peine de ton peché, & le ſceau de ta réprobation. *Viri ſanguinum & doloſi non dimidiabunt dies ſuos*, parce que Dieu les fera mourir dans la même heure qu'ils pechent, & leur mort ſe rencontrant avec leur péché, fera leur dannation éternelle; & cela eſt un grand ſujet aux pecheurs de craindre la mort, puiſque ſi elle vient à les ſurprendre dans leurs pechez, c'eſt fait de leur Salut.

Que fera nôtre malade en cette rencontre, ah! Meſſieurs, la crainte du jugement de Dieu, & l'amour de ſon Redempteur, l'obligeront à prévenir cette mort, & à s'y préparer de bonne heure; & de peur qu'elle ne le trouve avec quelque peché: il appelle un Confeſſeur, il n'attend pas qu'on l'y exhorte, qu'on l'en preſſe, ni qu'il ſoit à l'extrémité comme la plusſpart des Chrétiens, qui ont preſque autant d'averſion des Sacremens dans leurs maladies, qu'ils ont d'horreur de la mort, ſe laiſſans mal-heureuſement tromper aux artifices du Démon: *In hoc fallimur, quod mortem non proſpicimus*, diſoit un Ancien.

Ah! écoutez que Dieu fait en faveur de nôtre malade, au même temps qu'il luy envoye la maladie, il touche ſon cœur, & par un mouvement de ſa grace, il luy inſpire les ſentimens qu'il doit avoir pour ſatisfaire à ſa juſtice, & pour attirer ſur luy les effets de ſa miſericorde par une mort toute Chrétienne.

Car ne vous y trompez pas, Meſſieurs, la bonne mort ne dépend pas de nous, c'eſt un pur effet de la miſericorde de Dieu, qui donne à qui il luy plaît la perſeverance finale, qui eſt comme la clef du Paradis, *Cujus vult miſeretur, & quem vult indurat*. C'eſt une grace que nous ne pouvons pas meriter par toutes les actions de nôtre vie; parce que comme dit la Théologie, le principe, ni la fin du merite qui ne tombe pas sous le merite, n'est autre chose qu'un pur effet de la misericorde de Dieu. D'où vient que S. Augustin disoit autres-fois à une femme qui luy demanda si son mary dont il avoit entendu la confession, & à qui il avoit donné l'absolution, étoit sauvé? *Pœnitentiam damus, securitatem non damus*, parce que Dieu seul en sçait la verité. Cette grace donc est l'effet de la misericorde de Dieu qui touche le cœur du penitent, & luy inspire la douleur de son peché & l'amour de son Dieu; & ainsi le penitent qui coopere à la grace de son Dieu, travaille par cette fidelle cooperation au grand ouvrage de son salut.

Et c'est ce que nôtre malade tacha de faire d'abort, il confessa ses pechez, mais avec des dispositions exterieures qui étoient des marques visibles de l'amertume de son cœur, pouvant dire avec le Prophete qu'il rappelloit dans sa memoire tous ses pechez passés, pour en concevoir une douleur extréme, & pour en demander pardon à Dieu: *Recogitabo tibi omnes annos meos in amaritudine animæ meæ.* Que dis-je, Messieurs, il semble qu'il aye voulu rendre sa confession publique par une sainte humilité qui nous faisoit tous fondre en larmes, puisque presque à tous momens ayant devant les yeux de son esprit la justice de son Dieu qu'il avoit offensé, il y rappelloit aussi ses pechez par des reveües generales sur toutes les actions de sa vie; tantôt il ruminoit sur ses affaires passées pour voir s'il n'avoit fait tort à personne, mais avec tant d'exactitude, pour ne pas dire de scrupule, que j'en étois surpris & ravi à même temps; & alors se partageant entre la crainte & l'esperance, il me semble qu'il pouvoit dire comme le Prophete penitent, *Non est sanitas in carne mea à facie iræ tuæ, non est pax ossibus meis à facie peccatorum meorum.* Mais s'il trembloit à la veüe de tous les pechez de sa vie, qu'il avoit comme r'assemblez devant ses yeux, *Colligata est iniquitas tua* : s'il trembloit à la veüe de la justice & des vengeances de son Dieu, *à facie iræ tuæ* ; ah! Messieurs, l'humble confiance qu'il avoit au merite de la Croix & du Sang de son Redempteur, luy donnoit le courage de se jetter entre ses bras, d'embrasser l'image adorable de ce Dieu crucifié qu'il serroit dessus son cœur pendant un long espace de temps, comme pour appliquer le remede à l'endroit de son mal : & quand on vouloit le luy ôter pour le faire un peu respirer, helas! disoit-il, laissez-moy l'image de mon Dieu, dont la mort fait toute mon esperance, non je ne le quitteray pas, & je veux expirer en le tenant embrassé, pour dire comme l'Epouse : *Tenui eum, nec dimittam* : puisque ce Sang adorable qu'il a répandu sur cette Croix, est l'unique Clef qui me peut ouvrir le Ciel que mes pechez m'ont fermé, luy disant amoureusement à peu prés ces paroles de Tertulien, *Tota Paradisi clavis sanguis tuus est.*

Enfin le dernier témoignage du soin

avec

avec lequel il se préparoit à la mort ; avec le veritable esprit du Christianisme, c'est cette disposition exemplaire avec laquelle il reçut les derniers Sacremens de l'Eglise, l'Eucharistie & l'Extréme-Onction: quand il apperçut son Dieu dans sa chambre, il vouloit se jetter hors de son lit pour le recevoir, mais la foiblesse de son corps arrétant la ferveur de son esprit, il prit son bonnet, le jetta contre terre, & animé d'un saint transport de l'amour de son Dieu, & de reconnoissance pour son Créateur, il le reçut avec des sentimens d'humilité, & de respect qui tirerent les larmes des yeux de tous les assistans. Et enfin son Pasteur luy ayant apporté l'Extréme-Onction, il la reçut avec les mêmes sentimens ; & se trouvant fortifié par ces puissans secours, il bannit toute crainte, & regardant la mort, non plus comme un ordre de la Providence, non plus comme un Arrest de la Justice, mais comme une grace de la Misericorde de son Dieu, il la reçut avec joye.

Dans ce dernier moment il cõmença d'élever son cœur & ses yeux vers le Ciel, comme pour demander à Dieu l'accomplissement de cette grace, *Petivit animæ suæ ut moreretur.* ah! mon Dieu, luy disoit-il amoureusement, j'ay taché par vôtre Misericorde de me mettre en état de bien mourir, j'espere aussi que vous m'en ferez la grace: venez donc quand il vous plaira, *Veni Domine, & noli tardare*: j'ay quitté de bon cœur tout ce que j'avois sur la terre, j'ay rompu tous les liens qui pouvoient m'y arrêter: Venez, Seigneur, venez retirer vôtre Serviteur de ce monde pour le recevoir dans vôtre Paradis; & dans ces bons sentimens pareils à ceux du Grand Apôtre, il disoit *Cupio dissolvi, & esse cum Christo*: helas! Seigneur, je desire mourir pour me joindre à vous, puisque je ne puis plus esperer de bon-heur que celuy de joüir éternellement de vôtre Gloire, *Fecisti nos ad te Domine, & inquietum est cor nostrum, donec requiescat in te*; & dans ces sentimens, il expira,

& rendit à Dieu ſa belle ame, pour aller jouir de la Gloire dans toute l'Eternité.

Voila, Meſſieurs, ce que j'avois à vous dire pour la Gloire de ce Brave & Sage Gouverneur que vous avez tant aymé pendant ſa vie, & que vous pleurez amerement aprés ſa mort. Souffrez que je vous diſe trois mots pour vôtre édification & pour vôtre ſalut.

Vous ne doutez pas que la mort ne vous attende, mais vous ne ſçavez pas le lieu, le temps, ni le genre de la mort qui vous attend: Si vous étes curieux de vôtre ſalut qui dépend de la qualité de vôtre mort, car de la qualité de vôtre mort dépend vôtre Eternité, diſpoſez-vous de bonne heure: *Ubique mors eſt, illam ubique expecta*, elle peut vous prendre par tout, ſoyez diſpoſés à la recevoir en tout lieu: elle peut vous prendre en tous temps, ſoyez toûjours diſpoſés à la recevoir; & prenez garde de ne croupir jamais dans le peché mortel: car ſi elle vient en ce temps, ſi la mort vous prend dans le peché, cela est fait de vôtre salut pour une Eternité. Gardez-vous donc bien, Messieurs, de vivre jamais dans un état, où vous ne voudriez pas mourir : demandez-vous tous les soirs à vous-mêmes, si vous étes en état de mourir, & de paroître devant Dieu ; & si cela n'est pas, cherchez un Confesseur, & quittez un état funeste, que la mort qui peut venir à toute heure peut rendre éternellement mal-heureux : demandez à Dieu, qu'il vous inspire cette conduite, qu'il vous fasse la grace de la tenir toute vôtre vie, afin que mourant dans l'état de la grace, la mort temporelle soit pour vous un passage à la Vie Eternelle. *Amen.*

www.ingramcontent.com/pod-product-compliance
Ingram Content Group UK Ltd.
Pitfield, Milton Keynes, MK11 3LW, UK
UKHW022137190726
13855UKWH00003B/1193

9 782013 058537